# OBSÈQUES

DE

# M. DE ALDROVANDI

(Hyacinthe).

CAPITAINE AU 12ᵐᵉ RÉGIMENT D'INFANTERIE DE LIGNE,

DÉCÉDÉ A MONTAUBAN,

LE 3 OCTOBRE 1875.

MONTAUBAN,
IMP. FORESTIÉ NEVEU, RUE DU VIEUX-PALAIS, 23.

1875.

# OBSÈQUES

DE

# M. DE ALDROVANDI

(Hyacinthe),

CAPITAINE AU 11ᵐᵉ RÉGIMENT D'INFANTERIE DE LIGNE,

DÉCÉDÉ A MONTAUBAN,

LE 31 OCTOBRE 1875.

MONTAUBAN,
IMP. FORESTIÉ NEVEU, RUE DU VIEUX-PALAIS, 23.

1875.

M. Hyacinthe-Jean-Mathieu de Aldrovandi, capitaine au 11ᵉ régiment de ligne, né à Bonifacio, Corse, vient de mourir à Montauban le 31 octobre 1875, après une maladie dont la rapidité avait été foudroyante.

M. de Aldrovandi descend d'une ancienne et illustre famille de Bologne (Etats Romains), dont la branche cadette est établie en Corse depuis le commencement du XVIᵉ siècle.

Certains biographes font remonter l'origine de la famille Aldrovandi jusqu'au roi des Lombards Hildebrand; elle a fourni à l'histoire nombre de personnages distingués : gonfaloniers de Bologne, ambassadeurs, prélats, hommes de robe et d'épée; ses membres ont marqué à des titres différents dans les annales de leur pays.

Parmi les plus connus on cite : Ulysse Aldrovandi, célèbre naturaliste, professeur à Bologne, né en 1527, mort en 1605, surnommé le Pline moderne, qui voyagea par toute l'Europe, consacrant sa vie et sa fortune à recueillir les matériaux de son histoire naturelle, vaste encyclopédie des connaissances zoologiques, publiée à Bologne aux frais du sénat de la ville. Aldrovandi, qui avait mérité les témoignages de sympathie du fameux Grégoire XIII, de Sixte-Quint et de Ferdinand Ier, ne laissa aucune fortune. Ses obsèques furent célébrées avec pompe aux frais de l'Etat. Urbain VIII composa lui-même son épitaphe, que l'on peut encore lire sur son tombeau érigé dans l'église Saint-Etienne à Bologne.

Un autre membre de cette famille, le cardinal Aldrovandi, faillit succéder au pape Clément XII. Ballotté pendant plusieurs mois dans des scrutins successifs, il ne lui manqua jamais qu'une voix pour obtenir la majorité. Son élection échoua, dit-on, grâce aux intrigues du grand camerlingue Albani.

On trouve dans le voyage en Italie du Président Des Brosses une relation fort piquante des incidents de cette lutte de 1740, demeurée célèbre dans l'histoire des conclaves.

On cite le trait suivant, plein de la saveur du moyen âge, d'un proche parent de la famille de Aldrovandi. Il avait prêté son cheval à Charles-Quint, qui traversait la Corse au retour de sa désastreuse expédition sur les côtes barbaresques. Au moment de l'embarquement de l'empereur à Santa-Manza, propriété qui appartient encore aujourd'hui à la famille Aldrovandi, le seigneur brisa le crâne de l'animal, disant qu'aucun homme n'était digne de le monter après un aussi grand prince.

Le membre le plus célèbre sans contredit de la branche établie en Corse, fut Mathieu de Aldrovandi, dont le talent littéraire et poëtique était si bien reconnu, malgré sa précocité, que durant le siège vigoureux qu'Alphonse, roi d'Aragon, fit subir à ses compatriotes en 1563, ceux-ci le choisirent pour être l'un des personnages députés à Gênes pour solliciter les prompts secours de la République. Cette mission très-délicate et pleine de difficultés réussit complètement, grâce à l'ascendant qu'avait su prendre le jeune délégué.

Le prestige de cette nature d'élite s'exerçait avec une influence souveraine sur tout ce qui l'entourait. C'est ainsi qu'il avait inspiré une grande estime et une profonde affection à Mathieu Senarega, qui appartenait à la première noblesse de la ville et qui fut plus tard doge de la république de Gênes. On voit dans l'église de Notre-Dame de consolation, à Gênes, un superbe mausolée surmonté d'un buste de marbre précieux, élevé par Mathieu Senarega à la mémoire de Mathieu Aldrovandi, si prématurément enlevé en 1566 aux lettres, aux arts, aux sciences et à ses amis. Mathieu Senarega voulut lui-même composer l'épitaphe élogieuse qu'on peut encore lire sur ce monument, qui est une œuvre d'art remarquable.

Le grand-père du capitaine de Aldrovandi, dont l'âme libre et généreuse avait rêvé l'indépendance de la Corse, partagea le sort de l'héroïque Paoli, avec lequel il avait les plus étroites relations, entretenues par une solide amitié et une parfaite communauté d'aspirations et d'idées.

Sa famille conserve précieusement dans ses archives une longue et intéressante correspondance du général Paoli.

Le fils de ce dernier, M. Jules de Aldrovandi, fidèle aux traditions d'honneur, de loyauté et de désintéressement héréditaires dans sa maison, refusa les honneurs que lui offrait le retour des Bourbons, et une situation des plus honorables dans l'entourage de Louis XVIII. Il préféra rester dans son pays natal, où il mit au service de ses concitoyens les richesses d'une nature d'élite. Et en effet, M. de Aldrovandi alliait aux plus belles qualités du cœur les dons les plus précieux de l'intelligence ; son jugement sûr, d'une logique implacable, en faisait un conseiller prudent et utile, dont les avis étaient précieusement recherchés. Modeste néanmoins jusqu'à l'excès, d'une affabilité charmante et d'une rare distinction, on devinait, sous l'enveloppe du savant, le gentilhomme accompli.

Ajoutons que la famille Aldrovandi possède deux titres, celui de comte et celui de marquis, récompense des nombreux services qu'elle a rendus dans le passé.

Telle est en quelques lignes la famille dans les traditions de laquelle M. le capitaine de Aldrovandi a su puiser des exemples et trouver des modèles. Aussi la nouvelle de sa mort a-t-elle provoqué de la part de ses chefs, de ses camarades et de la population Montalbanaise une profonde émotion et d'unanimes regrets.

Nous ne saurions mieux donner la mesure de la sympathie qui entourait ce brave officier, qu'en reproduisant en entier l'article que M. H. Guitton, rédacteur en chef du *Courrier de Tarn-et-Garonne*, a consacré à ses obsèques dans le n° du 3 novembre.

« S'il est aujourd'hui un spectacle consolant pour nous et qui soit de nature à nous rassurer contre les éventualités chaque jour plus menaçantes d'un avenir incertain, c'est, à coup sûr, celui de l'étroite solidarité qui unit entr'eux tous les membres de la grande famille militaire; c'est le spectacle touchant de cette entente, de cette union, de cette harmonie, basée sur l'estime, l'affection, la communauté de sentiments, de souvenirs, de regrets et aussi d'espérances, qui règnent à tous les degrés dans les rangs de l'armée.

« C'est que, tous, ils ont souffert des maux de la patrie, et qu'ils gardent précieusement la mémoire des jours de deuil; c'est que tous ils se souviennent des champs de bataille désertés par la victoire et qu'ils n'ont abandonnés, la douleur dans l'âme, qu'en jetant un regard d'envie sur leurs camarades, plus heureux, tombés glorieusement en faisant face à l'ennemi; c'est qu'ensemble ils ont lutté avec l'énergie du désespoir pour épargner à la France l'humiliation suprême de la défaite et de la capitulation, et que les liens cimentés par de telles souffrances sont de ceux qui ne se peuvent altérer.

« Nous nous en réjouissons, car aujourd'hui l'armée n'est pas seulement la gardienne du droit public et de l'honneur national, mais encore la grande école de moralisation et de régénération, où désormais tous viendront apprendre quelles sont les vertus qu'impose le patriotisme, et comment on doit aimer et servir son pays.

« Ces réflexions nous étaient inspirées hier par l'attitude pleine de tristesse et de recueillement observée par messieurs les officiers de la garnison aux obsèques du regretté capitaine de Aldrovandi, enlevé subitement à l'affection de sa famille et de ses amis, par une de ces maladies foudroyantes, contre lesquelles la science humaine est impuissante et désarmée.

« Il suffisait de jeter les yeux sur ces mâles visages, qui ne parvenaient pas à dissimuler, sous leur impassibilité habituelle, les profondes et vives émotions de l'âme, pour comprendre qu'on était en présence d'une véritable douleur, et que l'honneur rendu au capitaine de Aldrovandi s'adressait plus encore à l'ami qu'au frère d'armes.

« C'est qu'en effet il était bien digne d'être aimé celui que la mort venait d'atteindre dans tout l'épanouissement de sa force et au milieu d'une carrière qui promettait d'être si bien remplie.

« C'est que tous ses camarades l'avaient vu à l'œuvre

et avaient pu apprécier tout ce qu'il y avait de délicatesse, de loyauté, de dévouement, d'abnégation dans ce grand cœur ouvert à tous les sentiments généreux et qui ne battait que pour l'honneur et le devoir.

« Il nous avait été donné, à nous aussi, de connaître le capitaine de Aldrovandi, dans les derniers jours de sa vie, et nous ne savons ce qu'il fallait le plus admirer dans cette âme d'élite, ou de sa modestie et de sa simplicité poussées jusqu'aux plus extrêmes limites, ou de son intelligence remarquable qui embrassait tous les sujets, ou de la rectitude de son jugement qui le dirigeait toujours droit devant lui, sans lui permettre de s'égarer jamais dans la voie qu'il s'était tracée à lui-même.

« Il possédait au plus haut point le sentiment des responsabilités, et en aucun cas on ne le vit reculer devant l'accomplissement d'un devoir, si pénible qu'il fût.

« En un mot, c'était un caractère!

« Avec une nature si organisée, le capitaine de Aldrovandi avait dû souffrir cruellement des malheurs de la patrie. Son cœur saignait douloureusement de toutes les blessures infligées à notre orgueil national, et s'il n'est pas tombé sur les champs de bataille où son mépris du danger l'entraînait toujours au poste du péril et de l'honneur, il est mort du souvenir de nos défaites.

« La reddition de Metz avait été pour lui, comme

pour tant d'autres braves soldats, une catastrophe irréparable. Il était frappé au cœur, et de cette blessure il ne devait pas guérir.

« Les amertumes de la captivité n'avaient fait que développer le germe de ce mal redoutable qui ne pardonne pas, et c'est alors que ses amis commençaient à espérer pour lui, qu'une mort aussi rapide qu'imprévue est venue le frapper.

« Le concours empressé de tous ses amis qui se pressaient derrière son cercueil, la présence à ce convoi funèbre des notabilités de la ville, l'attitude respectueuse de la population, témoignent hautement des sentiments d'estime et d'affection que le capitaine de Aldrovandi laisse derrière lui.

« Sa vie n'a été qu'un long exemple d'honneur et de loyauté ; sa mort a été celle d'un chrétien, patiente, résignée, et digne d'une existence entièrement consacrée à l'accomplissement de tous les devoirs.

« Issu d'une famille qui a joué un grand rôle dans l'histoire d'Italie et dont plusieurs membres ont tenu le premier rang dans leur pays, le capitaine de Aldrovandi mettait à cacher ses titres honorables le même soin que d'autres apportent à s'en parer, et pourtant un de ses ancêtres, le cardinal de Aldrovandi, avait touché un instant à la tiare pontificale, dont il n'était éloigné que d'une voix.

« Nous ne troublerons pas dans son repos la modestie de cet homme de bien, en rappelant ce qu'il fut et ce qu'il aurait pu être : fils de ses œuvres, il meurt à l'âge de 36 ans, après avoir vaillamment conquis ses épaulettes de capitaine, et au moment où il allait recevoir la récompense qu'il ambitionnait de toute l'ardeur de son âme généreuse, mais qu'il ne voulait devoir qu'à lui-même, à son mérite, à ses services.

« Les soldats de sa compagnie avaient réclamé le douloureux honneur de le porter à sa dernière demeure, et c'est sur les bras de ces hommes qu'il appelait ses enfants, que le capitaine de Aldrovandi a fait cette dernière étape, où tout finit, où tout commence.

« Les armoiries de la famille du défunt ornaient le catafalque; sur la bière on remarquait les insignes de capitaine et la médaille d'Italie.

« Le deuil était conduit par les trois frères du regretté défunt : MM. l'abbé de Aldrovandi, vicaire de la paroisse Saint-Augustin, de Paris; de Aldrovandi, sous-lieutenant au 90ᵉ de ligne et le comte Mathieu de Aldrovandi, attaché au ministère des finances.

M. le comte François de Aldrovandi chevalier de la Légion d'honneur et médecin major de 1ʳᵉ classe au 67ᵉ d'infanterie en garnison à Soissons, n'avait pu à son grand regret se rendre à Montauban pour assister aux obsèques de son frère. La mort si rapide de celui-ci n'ayant pas permis de le prévenir assez tôt.

C'est au même motif qu'il faut attribuer l'absence aux obsèques, de M. Prosper Lantieri juge de paix en Corse et beau-frère du défunt.

« Le premier drap mortuaire était tenu par quatre capitaines des différentes armes, en garnison à Montauban ; le second, par MM. Delbreil, maire de Montauban ; Derville, vice-président du conseil de préfecture ; Auvray, conseiller de préfecture ; M. Pech, membre du conseil municipal ; le troisième par des officiers du bataillon.

« Le général Guillon, commandant la subdivision de Montauban, conduisait le corps d'officiers, entouré de M. le colonel du 11e dragons, du lieutenant-colonel d'Hauteville du 11e de ligne, qui offrait le bras à l'abbé de Aldrovandi.

« Le service a été célébré par M. l'aumônier militaire, et l'absoute par M. le curé de Saint-Jacques.

« Au cimetière, le corps a été déposé dans un caveau provisoire, d'où il sera plus tard transporté pour être inhumé dans la sépulture de sa famille à Bonifacio (Corse).

« Sur le bord de la tombe, M. le capitaine Ferlus a voulu rendre un dernier hommage à son cher et regretté ami, au nom de tous ses camarades ; il s'est exprimé en ces termes :

« Messieurs,

« Au nom des officiers du 11e de ligne, je vous remercie de l'empressement que vous avez mis à vous joindre à nous pour rendre les derniers devoirs à M. le capitaine de Aldrovandi. Permettez-moi de vous dire quelques mots sur celui qui fut à la fois notre camarade et notre ami.

« M. de Aldrovandi était un de ces officiers qui honorent l'épaulette. Il nous était cher à tous, et comme homme et soldat.

« Comme homme, c'était un de ces esprits droits, qui poussent le rigorisme dans l'honnêteté jusqu'à ses dernières limites. Dans les relations ordinaires de la vie, par la noblesse de ses paroles et de ses actes, il avait su se concilier l'affection et l'estime de tous ceux qui l'ont connu. Ses supérieurs voyaient en lui un officier soumis, dévoué, qui savait allier une grande indépendance de caractère au sentiment d'une exacte discipline. Ses collègues l'aimaient pour son aménité, ses manières polies et affables, et surtout pour son esprit de conciliation et de bonne camaraderie. Ses subordonnés se plaisaient à lui reconnaître les principales qualités qui distinguent le chef : une grande sûreté de coup d'œil, beaucoup de fermeté, et une sollicitude constante dans tout ce qui avait trait à leurs intérêts.

« Comme soldat, quoique nous ne le connussions que depuis peu de temps, nous comptions beaucoup sur ses qualités militaires. Quelques officiers du régiment ont fait avec lui, au 75°, la dernière campagne contre la Prusse ; ils nous ont certifié, et nous en avons la certitude, que s'il n'a pas trouvé la mort sur le champ de bataille, soit en 1859 en Italie, soit au siége de Metz, ce n'est pas qu'il n'ait, en toute circonstance, toujours bravement payé de sa personne, notamment à Gravelotte, où, en électrisant par son exemple la compagnie qu'il commandait, il reçut deux blessures, l'une au flanc, l'autre à la cuisse gauche.

« D'une santé délicate, d'une constitution peu vigoureuse, il rachetait ces désavantages par un cœur ardent. Toujours prêt à l'heure du danger, il suppléait par une grande vigueur morale à la faiblesse de son organisation, et jusqu'à l'heure fatale de la captivité il n'a pas donné le moindre indice de lassitude ou de découragement.

« Ni la fatigue ni les privations n'avaient pu l'ébranler; mais durant ces longs mois d'exil en Allemagne, loin de la mère-patrie, sous un climat glacé, son âme saignait, abreuvée de tant d'humiliations, et la nature reprenant ses droits, la santé de notre regretté camarade recevait de graves atteintes.

« M. de Aldrovandi est mort à la fleur de l'âge. S'il n'a pas eu l'auréole que donne une mort reçue devant l'ennemi, il a du moins conquis cette autre auréole que donne l'accomplissement du devoir, du devoir rempli laborieusement, sans trêve ni repos. Elle est moins éclatante peut-être, mais il faut pour l'obtenir, une de ces âmes d'élite qui, guidées par leur conscience, vont jusqu'au bout dans le chemin de l'abnégation.

« Laissez-moi vous expliquer ma pensée :

« Tout dernièrement, M. de Aldrovandi a reçu une mission délicate et difficile. Chargé d'expérimenter pour la première fois le fonctionnement de l'administration et du commandement d'une compagnie nombreuse, il a voulu répondre à la confiance de ses chefs.

Fortement contrarié dès le début par des difficultés matérielles, n'ayant sous ses ordres qu'un cadre peu expérimenté, il ne s'en est rapporté qu'à lui du soin de veiller à l'exécution de tous les détails, et il a déployé une activité vraiment fébrile.

« Vaincu par la fatigue, il a dû s'aliter et est resté malade un certain nombre de jours ; mais dès qu'il a pu se tenir debout, il a voulu, malgré les conseils de ses camarades, reprendre son service et mener à bonne fin la tâche qu'il avait entreprise. Je suis certain que s'il n'avait pas obéi à un sentiment d'honneur poussé, comme je vous le disais en commençant, jusqu'à ses dernières limites ; s'il avait voulu attendre quelques jours un plus complet rétablissement, nous aurions encore le bonheur de le posséder au milieu de nous. Mais la voix de sa conscience lui faisait négliger le soin de sa santé.

« Quelques jours après le 24 octobre dernier, il était subitement obligé de se remettre au lit, et cette fois pous y mourir au bout de huit jours à peine. Ceux qui l'ont assisté dans ses derniers moments peuvent vous dire que sa préoccupation constante était de lutter jusqu'à la fin contre les difficultés imaginaires qu'il entrevoyait dans ses accès de délire. C'est une mort glorieuse et qui couronne dignement une carrière noblement remplie.

« Je tenais à vous dire ces quelques mots, autant pour honorer la mémoire de M. Aldrovandi, que pour donner aux membres de sa famille réunis ici, cette suprême consolation de savoir que le souvenir de leur frère chéri restera toujours parmi nous comme un modèle d'honneur et de dévouement.

« Je vous remercie encore une fois, Messieurs, pour votre touchant empressement. Votre présence ici resserre ces liens de confraternité qui font l'orgueil de la grande famille militaire. L'esprit de solidarité est une vertu précieuse qui double la valeur morale des armées, et nous ne saurions trop l'affirmer dans toutes les circonstances.

« Je dis, en votre nom à tous, un dernier adieu à l'ami que nous regrettons.

« Adieu, Aldrovandi. »

« Nous n'ajouterons rien à cet éloge si complet, et nous laisserons nos lecteurs sous l'impression des nobles et éloquentes paroles prononcées par le capitaine Ferlus.

« Nous ne dirons qu'un seul mot : nos concitoyens sauront se souvenir que le capitaine de Aldrovandi commandait, il y a quelques jours à peine, la compagnie de guerre des réservistes de la classe de 1867, et qu'il a acquis des droits à leur reconnaissance par la bienveillance et le zèle avec lesquels il a rempli ses pénibles fonctions.

« La famille de Aldrovandi, touchée des nombreux témoignages de sympathie qui sont venus la trouver dans cette douloureuse épreuve, nous prie d'adresser l'expression de sa reconnaissance à toutes les personnes qui ont bien voulu s'associer à son deuil. »

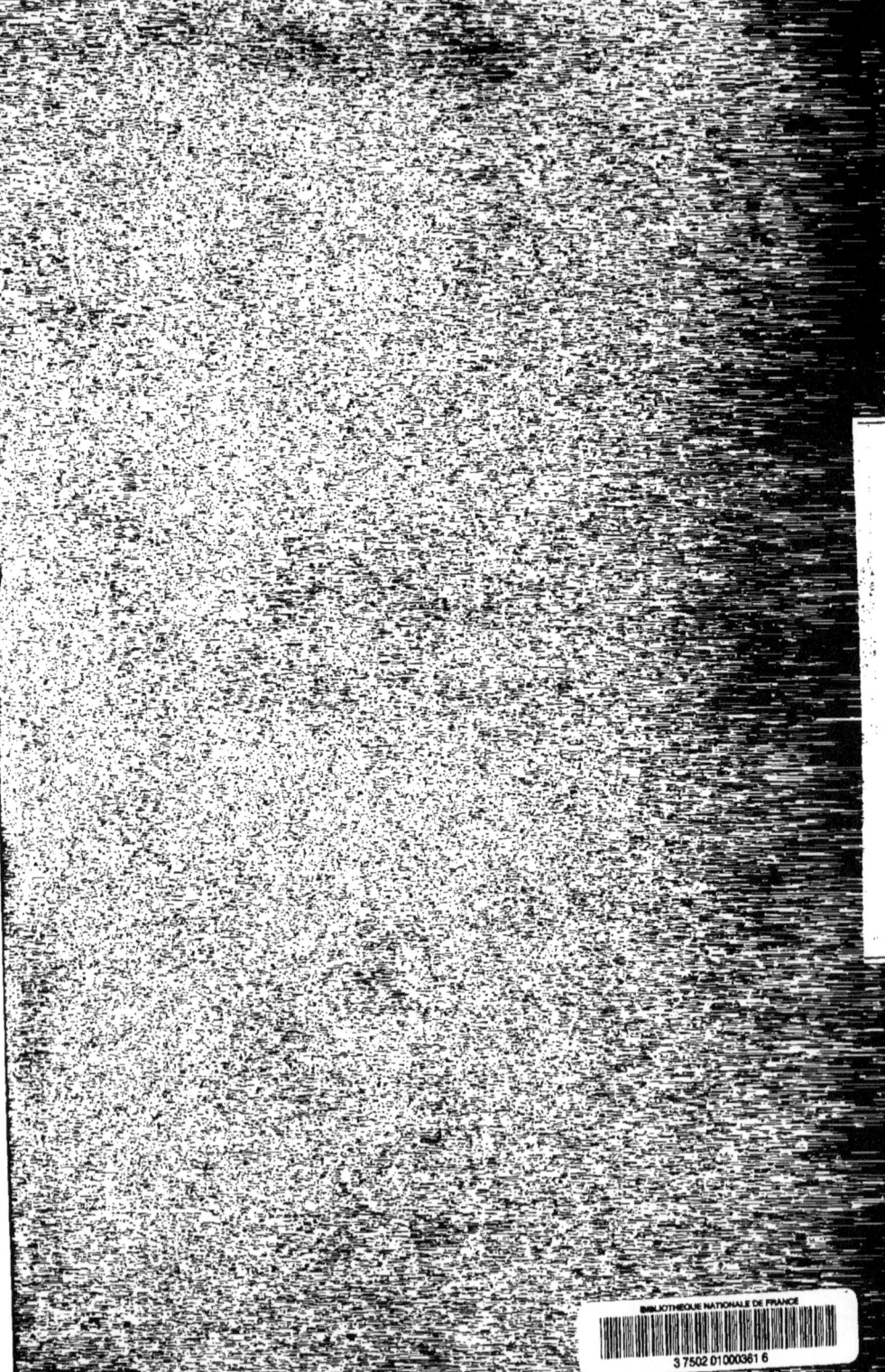

www.ingramcontent.com/pod-product-compliance
Lightning Source LLC
Chambersburg PA
CBHW060634050426
42451CB00012B/2586